Rolf Polander

Das gereimte
ABC

urania

Rolf Polander

Das gereimte ABC

zum Vorlesen und Selbstlesen

Mit Illustrationen von
Nina Chen

Alle in diesem Buch veröffentlichten Texte und Illustrationen
sind urheberrechtlich geschützt und dürfen nur mit ausdrücklicher schriftlicher Genehmigung
des Verlages und der Urheber gewerblich genutzt werden.

Bibliografische Information der Deutschen Bibliothek
Die Deutsche Bibliothek verzeichnet diese Publikation
in der Deutschen Nationalbibliografie;
detaillierte bibliografische Daten sind im Internet
über http://dnb.ddb.de abrufbar.

© 2008 Urania Verlag
in der Verlag Kreuz GmbH
Postfach 80 06 69, 70506 Stuttgart

www.urania-verlag.de

Alle Rechte vorbehalten.

Gesamtproduktion: Roland Poferl Print-Design, Köln
Umschlaggestaltung: Behrend & Buchholz, Hamburg
Printed in Germany

ISBN 978-3-7831-6126-7

Vorwort

Dieses Buch ist gedacht zum Vorlesen, Mitlesen und Selbstlesen für Kinder von 5 bis 7 Jahren.

Der Aufbau orientiert sich an alten ABC-Fibeln, in denen die einzelnen Buchstaben mit Merkversen und einem Bild eingeführt wurden. Als pädagogische Methode zum Erlernen von Schreiben und Lesen überholt, behält die Kombination von Lautzeichen mit anschaulichen Bildern und kurzen gereimten Strophen gleichwohl ihren Charme und mag darüber hinaus einen Nutzen in anderer Hinsicht bieten:
In gereimten Sprüchen und Gedichten kann das Kind den Ausdrucksmöglichkeiten der Buchstaben und Wörter nachspüren, erfahren, dass sie mehr sein können als ausschließlich Chiffren für Informationen. Es kann Wörter und Laute als sinnlich wahrnehmbare Klangfiguren erleben und den kreativen Umgang mit Sprache trainieren, zum Beispiel, wenn Wörter lautspielerisch verändert werden.

Die kleine Einleitung und die 26 gereimten Zweizeiler des Inhaltsverzeichnisses stellen die Buchstaben des Alphabets als belebte Wesen mit jeweils eigenem Charakter vor und in den Gedichten zu den einzelnen Zeichen wird häufig die Logik der Alltagswelt verlassen – es regiert die Fantasie!

Wer Kinder vor- oder mitlesend in die Welt des gereimten ABC begleitet, darf ruhig einmal sein Alter vergessen und ich wünsche allen Erwachsenen, dass sie zusammen mit den Kindern ihren Spaß und ihr Vergnügen an diesen Sprüchen und Gedichten finden – genauso viel Vergnügen, wie es dem Autor gemacht hat, diese Verse zu schreiben.

Viel Spaß also den großen und kleinen Lesern und Zuhörern

Rolf Polander

Wie sich die Buchstaben versammelt haben und was es in diesem Buch alles gibt

Als sich vor langer Zeit die Buchstaben getroffen haben, um einen Verein zu gründen, sind sie nicht alle auf einmal zur Versammlung erschienen. Manche hatten einen weiteren Weg als andere, manche sind schnell gelaufen, andere gemütlich gegangen, und manche haben auch ein bisschen getrödelt.
Wie die einzelnen Buchstaben so nach und nach am Versammlungsort eingetroffen sind, habe ich hier einmal aufgeschrieben.
Danach gibt es dann lustige Sprüche, Auszählreime, Rätsel und Gedichte, zu jedem Buchstaben zwei Seiten.

A	Am Anfang stand allein das A, es war als Allererster da.	Sprüche und Rätsel 10 Affen-Gedicht 11
B	Bald kam das B, sprach: „Bin bereit! wo bleiben wohl die andern heut'?"	Sprüche und Rätsel 12 Biber-Gedicht 13
C	Das C, das lächelt erst charmant und schüttelt beiden dann die Hand.	Sprüche und Rätsel 14 Clown-Gedicht 15
D	Von draußen nun durch eine Tür drängt sich das D herein,	Sprüche und Rätsel 16 Dach-Gedicht 17
E	das E kommt hinterdrein und ruft: „Bin auch schon hier!"	Sprüche und Rätsel 18 Eisbär-Gedicht 19
F	Es folgt das F auf schnellem Fuß, ruft freudig seinen Gruß.	Sprüche und Rätsel 20 Fuchs-Gedicht 21
G	Gerannt kommt dann geschwind das G schnell wie der Wind.	Sprüche und Rätsel 22 Giraffen-Gedicht 23
H	„Hurra, hurra, wer hätt's gedacht, ruft hell das H, wir sind schon acht!«	Sprüche und Rätsel 24 Hemd-Gedicht 25

I	Im Winkel macht das I nun Witze. Es kam durch eine Bretterritze.	Sprüche und Rätsel 26 Insel-Gedicht 27
J	Und wer ruft jetzt so laut „Juhu!"? Das J und macht die Türe zu.	Sprüche und Rätsel 28 Jäger-Gedicht 29
K	Doch sie wird kräftig, dass es kracht, vom K gleich wieder aufgemacht.	Sprüche und Rätsel 30 Kröten-Gedicht 31
L	Mit leichtem Schritt tritt ein das L, spricht lustig, laut und ziemlich schnell.	Sprüche und Rätsel 32 Lama-Gedicht 33
M	Das M legt sich gleich müd und matt auf die nächstbeste Lagerstatt.	Sprüche und Rätsel 34 Mond-Gedicht 35
N	Das N, das pfeift ein Lied in Dur, es ist nun mal 'ne Frohnatur.	Sprüche und Rätsel 36 Nashorn-Gedicht 37
O	Dann rollt das O durchs offne Tor und fällt dabei aufs linke Ohr.	Sprüche und Rätsel 38 Ostereier-Gedicht 39
P	Potzblitz, nun kommt auf einem Bein laut polternd auch das P herein.	Sprüche und Rätsel 40 Pferd-Gedicht 41
Q	Es quietscht die Tür, das dicke Q quetscht sich gequält hindurch im Nu.	Sprüche und Rätsel 42 Quallen-Gedicht 43
R	Was rauscht und raschelt auf der Treppe? Es ist das R mit seiner Schleppe.	Sprüche und Rätsel 44 Regenwurm-Gedicht 45
S	Schnell in die Stube tritt das S nun, muss auf dem Sofa erst mal ausruh'n.	Sprüche und Rätsel 46 Schwalben-Gedicht 47
T	Total erschöpft hereingewankt, kommt auch das T, braucht einen Trank.	Sprüche und Rätsel 48 Tiger-Gedicht 49

U	Das U jedoch ganz unbeschwert kommt aus dem Urlaub hoch zu Pferd.	Sprüche und Rätsel 50 **Untier**-Gedicht 51
V	Das V trifft mit Verspätung ein, es hatte sich verletzt am Bein.	Sprüche und Rätsel 52 **Vulkan**-Gedicht 53
W	Grad wie vom Wind hereingeweht, schon an der Wand das W nun steht.	Sprüche und Rätsel 54 **Wellen**-Gedicht 55
X	Das X kam mit dem Hexenbesen, damit ist es sehr fix gewesen.	Sprüche und Rätsel 56 **Xylophon**-Gedicht 57
Y	Das Ypsilon hat seine Yacht am Gartentor gut festgemacht.	Sprüche und Rätsel 58 **Yeti**-Gedicht 59
Z	Ins Zimmer kommt zum Schluss das Z und sagt: „Nun sind wir ganz komplett!"	Sprüche und Rätsel 60 **Zebra**-Gedicht 61

Als alle Buchstaben eingetroffen waren, konnte der Verein gegründet werden. Er musste natürlich einen Namen haben und man beschloss, ihn nach den drei Buchstaben zu nennen, die als Erste erschienen waren. Deshalb heißt der Verein der Buchstaben bis heute ABC.

Außer dem ABC gibt es noch die Ziffern. Das sind die Zeichen, mit denen man Zahlen schreibt. Sie wollten damals nicht zur Versammlung kommen, weil sie glaubten, dass sie etwas Besseres seien, weil man mit ihnen rechnen kann. Die Buchstaben hatten die Ziffern zwar eingeladen, aber im Grunde waren sie froh darüber, dass sie nicht kamen, denn auch die Buchstaben hielten sich für etwas Besseres, weil man mit ihnen Geschichten aufschreiben und sogar dichten kann!
Deshalb gründeten die Ziffern dann einen eigenen Verein.

1 2 3 4 5 6 7 8 9 0   Sprüche und Rätsel 62
Zifferngedicht 63

Aa

Es schwamm ein Aal
einst im Kanal.
Der Mond schien fahl,
da hat den Aal
man dort erwischt
und rausgefischt.

Nun hängt der Aal
lang wie ein Schlauch
erst mal im Rauch.

Das ist dem Aal
jetzt ganz egal.
Er spürt nichts mehr,
denn er ist tot.
Ganz frisch vom Rauch
schmeckt er mir sehr
auf 'nem Stück Brot –
und dir doch auch?

Mein Auto hat 'nen Automat
und fährt von ganz alleine.
Ich lese bei der Autofahrt
die Zürcher Allgemeine.

AaAaAaAaAaAaAaAaAaAaAaA

A-Auszählreim

Achtzehn alte Schachteln
rupfen achtzehn Wachteln,
braten sie mit Speck,
und du bist weg!

In der nächsten Auszählrunde kann man mit
„Siebzehn alte Schachteln …" beginnen und zieht
bei jeder weiteren Runde eine alte Schachtel
sowie eine Wachtel ab.

Das A-Rätsel

> Lang, mit Greifern vorne dran,
> ist er und lässt sich bewegen.
> Einen hat ein jeder Kran,
> zwei davon der Mensch dagegen.
>
> Der Arm

Affen

Die **Affen** sind mit uns verwandt,
das kann man deutlich sehen.
Sie hab'n fünf Finger an der Hand
und ebenso viel Zehen.

Sie können aufrecht geh'n wie wir,
und setzen sich auf Stühle.
Sie haben – überleg ich's mir –
ganz ähnliche Gefühle.

Sie legen nieder sich zur Nacht
und essen gern Bananen.
Auch streiten oft sie, bis es kracht –
es sind halt unsre Ahnen!

Sie **äffen**, was sie sehen nach,
und amüsieren sich
darüber so, dass ich dann frag:
„Lacht ihr wohl über mich?"

Schaust du dich mal im Spiegel an
und schneidest du Grimassen,
guckt dich ein Spiegel**affe** an,
Ja, ist es denn zu fassen!

Bb

Ach, die kleine **B**eatrix
macht sich aus dem Jochen nix.
A**b**er scharf wie eine Wilde
auf den Jochen ist **B**runhilde.
Sieht von Weitem sie den Jochen,
schreit sie gleich wie angestochen:
„Lie**b**er Jochen, komm doch her!
Spiel mit mir, ich mag dich sehr!"

Aber Jochen – ist's zu fassen? –
sagt zu ihr nur ganz gelassen:
„Hör mir auf mit dem Getue
und lass mir doch meine Ruhe!
Bei mir helfen keine Tricks,
ich mag nur die **B**eatrix!
Doch **b**ei der ha**b** ich es schwer,
die sagt nur ‚Nein danke sehr!'"

B-Auszählreim

Auf einem **B**aum, da sitzt ein **B**är,
der ist zu dick und viel zu schwer.
Ein **B**är wiegt mehr als eine Laus!
Und **b**räch der Ast jetzt mitten quer
entzwei, dann fiel der **B**är ganz schwe
zu **B**oden, wär das nicht ein Graus!

Und eh' ich noch gezählt **b**is drei
ist leer der **B**aum, es sitzt kein **B**är
mehr auf dem Ast, der **b**rach entzwei.

Und humpelt jetzt der **B**är nach Haus,
Gehst du mit ihm, denn du **b**ist aus!

BbBbBbBbBbBbBbBbBbBbBb

Das **B**-Rätsel

> Was blüht auf Kleidern und Tapeten,
> auf der Wiese und im Grase
> und selbst noch im Haus in späten
> Abendstunden in der Vase?
>
> uəɯnlg

Biber

Es wohnt in seinem Wasserschloss
der **Biber** samt Familie.
Doch ist im **Biber**bau der Boss
die **Biber**frau Ottilie.

Der Herr Gemahl ist abgetaucht
und fällt schon wieder Bäume,
denn für den **Biber**nachwuchs braucht
man dringend neue Räume.

Auch muss er unbedingt dies Jahr
die Dämme noch erhöhen.
Sie sind zu niedrig und sogar
ein Otter kann das sehen.

Denn wenn im Frühjahr steigt der Fluss,
– das weiß der **Biber** ganz genau –
dann könnt ein starker Regenguss
zerstören seinen **Biber**bau.

Von früh bis in die Dunkelheit,
da rackert er und macht
noch neue Pläne in der Zeit
bis weit nach Mitternacht.

Er schuftet unverdrossen schwer
und hofft, dass es ihm nütze,
doch wenn er Pech hat, endet er
einmal als **Biber**mütze.

Cc

Entschuldigung, haben Sie nicht,
der Sie an der Ecke hier steh'n,
ein blaues Chamäleon geseh'n?
Wenn es hier vorüberkriecht,
dann bitte ich, mich zu verständigen,
denn ich würd' es gerne bändigen.

Sie sagen, ein rotes kam vorbei?
Das kann es nicht sein, ich weiß es genau:
Das Tier, das ich meine, war königsblau!
Ist es wohl möglich, dass hier zwei
Chamäleons in verschiedenen Farben
die Chamäleonsucher zum Besten haben?

Da kommt mir langsam der Verdacht:
Das Blaue hat sich rot gemacht
und uns dann alle ausgelacht.

CcCcCcCcCcCcCcCcCcCcCcCc

Das C-Rätsel

> Man trifft sich und singt,
> und wenn's gut gelingt
> – ja, so was kommt vor –,
> dann war's ein guter …
>
> Chor

C-Auszählreim

Ein Euro und ein Cent,
die kommen angerennt.
Dem Euro bleibt die Puste weg,
da rührt er sich nicht mehr vom Fleck.
Den Cent, den gibst du aus.
und deshalb musst du raus!

Clown

Ich sah im Zirkus einen **Clown**,
der war sehr lustig anzuschau'n.
Er stolpert über seine langen Schuh,
sein breiter Mund, der lacht dazu.
Auch seine Hose ist ihm viel zu weit,
es sieht fast aus, als trüge er ein Kleid.
Jedoch er macht sich nichts daraus,
wem's nicht gefällt, den lacht er aus.

Der **Clown** sah schon sehr viele Städte
und spielt sehr gern auf der Trompete.
Bläst er darauf, so könnt' man meinen,
sie könnte schimpfen, lachen sowie weinen.
Auch liebt er's, andere damit zu necken
und sie mit lauten Tönen zu erschrecken.
Er hat dazu noch eine kleine Geige,
die ist so klein, wie ich es jetzt hier zeige.
Wenn man sie spielt, gibt es nur hohe Töne
und nicht einmal besonders schöne.
Na ja, sie ist ja auch noch klein,
da kann es wohl nicht anders sein.

Will mal der **Clown** ein Kunststück machen,
dann geht es schief und alle lachen,
weil er so ungeschickt sich stellt,
dass alles gleich herunterfällt,
was er versucht zu balancieren.
Doch all das kann ihn nicht genieren.
Wenn alle über ihn am Ende lachen,
lacht auch der **Clown**, was kann er Bessres machen?

Dd

Die Zeit der Dinosaurier
die ist schon längst vorbei.
Es kriecht kein Dinosaurier
heut mehr aus einem Ei.

Nie hat ein Dinosaurier
je einen Mensch geseh'n.
Kein Mensch sah Dinosaurier
jemals spazieren geh'n.

Wir kennen Dinosaurier
nur, weil vor vielen Wochen
fand man vom Dinosaurier
die Dinosaurierknochen.

Der D-Auszählreim

Sieh, mein Finger dideldum
wandert hier im Kreis herum.
Sagt mein Finger: dideldei,
und kommt er bei dir vorbei,
geht er weiter zu den andern,
denn er will noch etwas wandern.
Sagt mein Finger: dideldi
und tippt dir mit Energie
auf die Brust und bleibt dort steh'n,
musst du aus dem Kreise geh'n!

Das D-Rätsel

Auf der Erde aus Schnee,
darunter Gras und Klee.
Auf den Menschen aus Wolle,
mit Löchern eine olle.

Die Decke

Dach

In unsrer Straße auf dem Hause Nummer drei,
da sitzt ein **Dach**, das hat ein schlimmes Leiden.
Es schämt sich sehr, doch kann man nicht vermeiden
zu sagen: Dieses **Dach**, es ist nicht schwindelfrei!

Schaut es nach unten, wird sogleich ihm schlecht,
denn es kriegt Angst, es könnte runterfallen
und mit Getöse auf die Straße knallen.
Es gibt kein **Dach**, das so etwas gern möcht'.

Bei Nacht, da geht's ja noch, doch wird es heller,
dann wagt es kaum, die Augen aufzutun.
Es denkt: „Ach, wäre ich doch nur ein Keller,
dann würd' ich sicher in der Erde ruh'n."

Das **Dach** ist fest gebaut, es ist wohl Nervensache,
dass es aus Angst vorm Runterfallen sich so quält.
Beinah hätt's mir von seinem Leiden nichts erzählt,
es hat befürchtet, dass ich nur darüber lache.

Man müsste es zu einem Spezialisten schicken,
doch kann es seinen Platz ja nicht verlassen
und würde auch mit all den vielen dicken
und schweren Balken in kein Wartezimmer passen.

Wenn es dem **Dach** nicht besser geht und wenn ihm nicht
bald jemand hilft, um seine Angst zu überwinden,
dann wird das **Dach** dort oben niemals Ruhe finden,
und eines Tages ist es dann nicht mehr ganz dicht.

Ee

Elf Elefanten taten sich verbünden,
um einen Posaunenchor zu gründen.
Es war ein fürchterliches Tröten,
denn sie hatten keine Trompeten
und bliesen auf ihren Rüsseln.
Das klang, wie in alte Schüsseln
mit hohler Stimme hineingeschrien,
wie Wind in einem Blechkamin.
Sie wedelten dabei wie verrückt
mit den Ohren und waren entzückt.
Sie fanden ihr eigenes Konzert
ganz außergewöhnlich bemerkenswert.

Das E-Rätsel

> Es ist kalt, das weiß ein jeder,
> und man fährt drauf ohne Räder.
> Aus 'ner Tüte aufgeleckt
> ist es süß und schmeckt!

E-Auszählreim

Ene, mene, haste Töne?
Ene, mene, meine Kleine,
haste Töne oder keine?
Wenn de keine Töne hast,
wirst de erst mal jetzt geschasst!

Eisbär

Ein Eisbär hat es gerne kühl,
er kommt vom Nordpol her.
Lebt er im Zoo hier im Exil,
dann hat er's ziemlich schwer.

Denn Wärme ist er nicht gewohnt,
und wird es ihm zu schwül,
hat sich die Reise nicht gelohnt,
das sagt ihm sein Gefühl.

Hört jeden Tag drum den Bericht,
wie's Wetter werden soll.
Ist angesagt 'ne Tiefdruckschicht,
dann findet er das toll.

Und weht im Winter zu uns her
ein kalter Wind von Ost,
dann freut sich unser Eisbär sehr
auf Eis und Schnee und Frost.

Ff

Der Herr von Frosch
sagt immer: „Quak."
„Ach, halt die Gosch!",
spricht Frau von Frosch.
Was sie nicht mag,
ist dieses „Quak".

Da sagt Herr Frosch:
„Papperlapappe –
halt deine Klappe!
Mein' ich mal quak,
dann sag ich quak!
Es heißt, es sei
die Rede frei –
und deshalb: Quak!"

FfFfFfFfFfFfFfFfFfFfFfFfFfFfFf

F-Auszählreim

Rundum geht der Finger wandern
zeigt auf dich und auf die andern.
Bleibt er dann bei einem steh'n,
muss der aus der Runde geh'n.

Das F-Rätsel

Damit dreht der Wind die Mühle,
sie bringen Vögel rasch an ihre Ziele.
Und es gibt sie, soll man's glauben,
auch an manchen Schrauben.

Flügel

Fuchs

So ein **Fuchs** ist ziemlich schlau,
sagen alle Leute.
Und die Hunde bell'n wau, wau
mit der ganzen Meute.

Hunde machen vorn Radau,
kläffen grobe Worte,
und der **Fuchs** läuft aus dem Bau
raus zur Hinterpforte.

Schlau ist auch vom **Fuchs** die Frau,
trägt wie er 'nen roten Pelz,
seinem gleich im Schnitt genau,
und dem **Fuchs** gefällt's.

Noch nicht schlau, doch schon sehr keck
sind die kleinen **Füchse**,
laufen sie vom Bau mal weg,
holt die Mutter gleich zurück se.

Geht Herr **Fuchs** des Nachts auf Klau,
schleicht er durch den Klee.
Anderntags gibt es im Bau
Hühnerfrikassee.

Gg

Gerd und Günter sind gegangen,
eine Gemse einzufangen.
Doch die Gemse wollt' nicht mit
und gab jedem einen Tritt.

Und seit diesem Gemsentritt
wollen Gerd und Günter mit
keinem wieder Gemsen fangen –
das ist ihnen ganz vergangen!

GgGgGgGgGgGgGgGgGgGgGgG

Das G-Rätsel

> Wenn aus einem Aste zwei
> werden, dann ist sie dabei.
> Willst du ein Stück Fleisch genießen,
> musst mit ihr du's vorher spießen.
>
> Die Gabel

G-Auszählreim

Grünes Gras und grüner Klee,
Kühe auf der Weide.
Grüner Baum und blauer See,
gelb ist das Getreide,
gelb der Löwenzahn,
auf dem See ein Kahn.

Wenn dann grauer Nebel fällt
auf den See und auf die Welt,
kannst du all das nicht mehr seh'n
und musst gleich nach Hause geh'n!

GgGgGgGgGgGgGgGgGgGgGgG

Ein Gespenst muss spuken,
bis die Leute gucken.
Wenn sie's dann entdecken,
kriegen sie 'nen Schrecken.

GgGgGgGgGgGgGgGgGgGgGgG

Giraffe

Hoch den Kopf trägt das Giraffentier,
doch wenn man's genau beschaut,
nicht aus Hochmut, es ist so gebaut
und kann deshalb nichts dafür.

Niemals frisst es Gras vom Boden, wo sich
Löwen schon gewälzt, wo Zebra oder Gnu
sind darüber hin getrampelt ohne Schuh –
nein, das ist ihm widerlich!

Die Giraffe steckt den Kopf ins Laub
des Akazienbaumes, zupft die Blätter ab,
sieht voll Mitleid auf die anderen herab
unter ihr in der Savanne Staub.

Die Giraffe steigt auf Berge oder Hügel nicht,
denn das ist ihr zu beschwerlich.
Außerdem – sind wir mal ehrlich –
hat das Tier auch so die Übersicht!

Hh

Bläst man ins **H**orn
zum Beispiel vorn
die Luft **h**inein,
so kann es sein,
es kommt zum Lo**h**n
ein sc**h**öner Ton
dann **h**inten raus.

Bläst man nic**h**t me**h**r,
so wie vor**h**er,
dann ist es aus
mit der Musik,
doc**h** **h**at man Glück,
gibt's noch Applaus.

HhHhHhHhHhHhHhHhHhHhHh

Das H-Rätsel

> Weiß etwas, das hat zwei Beine
> und kann trotzdem nicht alleine
> laufen, es braucht dich dazu:
> Du rennst damit weg im Nu!
>
> əsoH əiD

H-Auszählreim

Eins, zwei, drei, es sitzt die **H**anne
plätsc**h**ernd in der Badewanne,
hält in i**h**ren kleinen **H**ändc**h**en
fest das gelbe Quietsc**h**eentc**h**en.
Zie**h** ic**h** sc**h**nell den Stöpsel raus,
ist es mit dem Baden aus.

Vier, fünf, sec**h**s, se**h**t i**h**r den Peter?
Unter seiner Dusc**h**e ste**h**t er
und genießt den warmen Regen,
der von oben kommt als Segen.
Dre**h** den Wasser**h**a**h**n ich zu,
kommt der Peter raus im Nu.

Hemd

Auf der Leine hängt ein **Hemd**,
flattert froh und ungehemmt
und, obwohl fest angeklemmt,
fühlt sich hier im Wind das **Hemd**
ausgesprochen wohl und frei.
Doch das geht ganz schnell vorbei.

Morgen wird ein Bügeleisen
dampfend auf dem **Hemde** kreisen.
Dann wird man es stauchen, falten,
und es kommt in einen alten
dunklen Schrank, wo Mottenkugeln
liegen, dort kriegt es das Grugeln.

Zieht das **Hemd** man aus dem stillen
Dunkel, um sich einzuhüllen,
wird es vorne zugeknopft,
in die Hose reingestopft,
bis das **Hemd** am Ende sitzt
eng an einem Mensch, der schwitzt.

Hat er's einen Tag benutzt,
fühlt das **Hemd** sich sehr beschmutzt,
sehnt sich nun nach einem Bad
– Waschmaschine dreißig Grad –
und freut wieder sich auf seine
Freiheit auf der Wäscheleine.

Ii

Ein Igel und ein Egel,
die spielten einmal Kegel.
Der Egel, der rief: „Alle Neun!"
Der Igel gleich: „Das kann nicht sein!"
„Ich wette einen Liter Blut!",
sprach da der Egel. „Ist ja gut!",
gab drauf der Igel zu. „Ich hab
auch neun geseh'n, doch ziemlich knapp."

I-Auszählreim

Im Winter, da simmer
im Zimmer nur immer.
Im Sommer, da kommer
auf der Gassn zusomma;
da zähln mer uns aus
und jetzt bist scho raus!

IiIiIiIiIiIiIiIiIiIiIiIiIiIiIiIiIiIiIiIiIiIiIiIiIiIiIiIiIiIiIiIiIiIiIi

Iah schreit der Esel,
doch nicht nur in Wesel.
Er lässt sich's nicht nehmen,
iaht auch in Bremen.
Ja, wo er auch ist,
und was er auch frisst,
stets ruft er iah.
Und jedem ist klar,
hört er das Iah:
Ein Esel ist da!

Das I-Rätsel

> Siehst du mal ein Nadelkissen
> und es läuft von ganz allein,
> wirst ganz sicher du gleich wissen:
> Das muss etwas andres sein!
>
> Ein Igel

Insel

Eine Insel hat zwei Teile, einer liegt im Wasser,
einer, der guckt oben raus.
Dass der unt're weitaus nasser
ist, erscheint uns logisch, denn es folgt daraus.

Auf dem Oberteil der Insel: Bäume, eine Hütte,
Menschen gehen auf und ab;
manchmal in der Inselmitte,
manchmal auch am Rand ganz knapp.

Stumm umrunden kleine sowie größ're Fische
stets das Inselunterteil.
Durch der Wasserpflanzen grüne Büsche
schießen manche wie ein Pfeil.

Und den Rand der Insel nennt man Küste,
denn dahinter ist das Meer.
Steht ein Mensch am Inselrand, der wüsste
gerne: Ist das Meer dort hinten wirklich leer?

Geht in einen Laden, kauft sich eine Karte.
Inseln, die das Meer von seiner trennte,
sind als Umrisslinien, dicke oder zarte,
aufgemalt, die großen nennt man Kontinente.

Jj

JjJjJjJjJjJjJjJjJjJjJjJjJjJjJjJjJjJjJjJj

Es ging Joachim Jaguar
spazieren mal im Wald.
Das tat er jeden Tag im Jahr,
doch diesmal war es kalt.

Er spürt' im linken Hinterbein,
da regte sich ein Zipperlein.
Da dacht' Joachim Jaguar:
Ich werd wohl langsam alt!

JjJjJjJjJjJjJjJjJjJjJjJjJjJjJjJjJjJjJjJj

Eine olle Segeljolle
machte eine lange Reise
und kam nach vier Wochen an
bei dem Eisbär Jonathan,
der wohnt weit im Arktiseise
mitten auf 'ner Packeisscholle.

JjJjJjJjJjJjJjJjJjJjJjJjJjJjJjJjJjJjJjJj

Das J-Rätsel

Der Augenblick noch nie trat ein
und wird auch später nie mehr sein.

jetzt

J-Auszählreim

Oh je, oh je, oh jemine,
wenn ich mich hier im Kreis umseh,
dann sag ich nur: Oh jemine,
das wird nichts mit dem Spiele,
denn wir sind viel zu viele!

Da muss erst einer raus,
den zählen wir jetzt aus!

Oh jemine und eins, zwei, drei,
du bist jetzt raus, nicht mehr dabei!

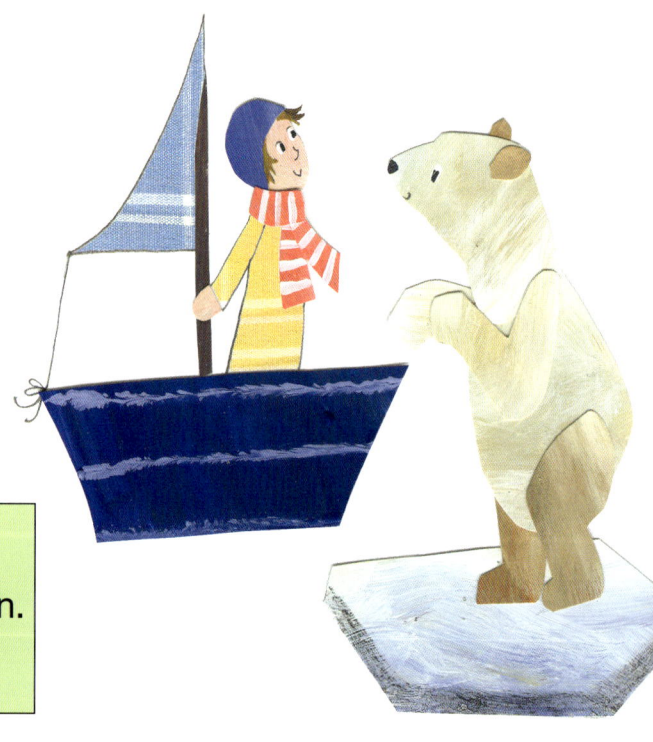

Jäger

Es jagt der Jäger Jahr für Jahr
die Tiere hier im Jagdrevier,
die Tiere mögen das nicht gar
so gern, deswegen sind schon vier
aus dem Revier hier abgehau'n.

Es zog davon mit Sack und Pack
der Rebhuhnhahn mit seinen Frau'n.
Der Dachs, der packte seinen Frack
und kellnert nun im Hofbräuhaus.
Frau Hase sprach: „Ich bin jetzt leid
die Knallerei, wir ziehen aus!"

„Der Jäger will ja nur mein Kleid!",
so meint Frau Fuchs. „Mir ist's zu dumm
und ehe ich mein Kleid ihm lasse,
da zieh'n wir alle auf die Schnelle
sofort jetzt in den Stadtpark um.
Mein Mann kriegt eine gute Stelle
bei einer Bausparkasse."

Kk

Glaubt Ihr denn, die **K**erzen
kennen **k**eine Schmerzen?
Zündet man am Schopf sie an,
fangen sie zu weinen an.

Dic**k**e heiße Tränen schießen
ihnen aus den Augen, fließen
dann herunter, werden Flec**k**e
auf dem Tisch und seiner Dec**k**e.

Kühe haben manchmal Flec**k**en,
schwarze oder braune.
Doch sind sie bei guter Laune,
ist von diesen Flec**k**en
in der Milch nichts zu entdec**k**en!

KkKkKkKkKkKkKkKkKkKkKk

Das **K**-Rätsel

Dieses Ding ist anzuschau'n
auf dem König und am Baum.
Mancher kaut damit sogar,
doch dann ist es unsichtbar.

Die Krone

K-Auszählreim
Rotz an der Bac**k**e,
in der Hose **K**ac**k**e,
Finger voller Drec**k**,
und du bist weg!

KkKkKkKkKkKkKkKkKkKkKk

Kröte

Einer braunen **Kröte**
wollt das Singen
nicht gelingen,
da griff sie zur Flöte.

Seitdem bläst die **Kröte**,
tanderadi und tanderadei,
eine **Kröten**melodei
laut von früh bis spöte
auf ihrer **Kröten**flöte.

Doch die andern **Kröten**
kommen alle schnell herbei
und erheben ein Geschrei,
hören sie das Flöten.

Ja, sie machen viel Getue,
sagen, dass das Flöten
sich nicht schickt für **Kröten**
wegen heilger **Kröten**ruhe.

Doch die braune **Kröte**
spielt, ja, ist es denn zu fassen,
immer weiter ganz gelassen,
tanderadi und tanderadei,
ihre **Kröten**melodei
laut von früh bis spöte
auf der **Kröten**flöte.

Ll

Liselotte ist 'ne flotte kleine Motte.
Wurd' geboren in Hannover
in 'nem roten Wollpullover.
Ihre Mutter Adelheid
wohnt in einem Jerseykleid,
ist bekannt von Funk und Bühne,
und ihr Vater war der kühne
Mottenüberseepilot,
doch der ist schon lange tot,
er starb an 'nem grauen Star,
der um vieles schneller war.

L-Auszählreim

Lirum, Larum, Abrakadarum,
dieses ist ein Zauberkreis.
Wer es immer noch nicht weiß:
der, auf den mein Finger zeigt,
der steh mausestill und schweig!

Tut er auch nur einen Mucks,
dann krieg ich ihn an der Bux,
sag noch einmal Lirum Larum
und werf ihn, Abrakadarum,
einfach aus dem Kreis heraus,
denn dann ist es mit ihm aus.

Das L-Rätsel

Sie hängt an der Zimmerdecke
und sie schläft den ganzen Tag.
Wenn ich abends sie dann wecke,
wird es hell mit einem Schlag.

Die Lampe

Lama

Das Lama, das stammt aus den Anden,
doch es wohnt jetzt bei uns im Zoo
und nicht bei seinen Onkeln oder Tanten
zu Hause und darüber ist es froh.

Denn schaute es aus seinem Zimmer,
zu Hause in den fernen Andenlanden,
da sah es nur denselben Gipfel immer,
begriff nie, was die anderen dran fanden.

Es spürte eine große Langeweile,
sah Tag für Tag dieselben Lamafelle.
Und so bewarb es sich in großer Eile
in unserm Zoo um eine freie Lamastelle.

Jetzt wohnt es hier gleich neben den Kamelen
in einem Freigehege, groß und ausgedehnt.
Dort ist es glücklich und kann nicht verhehlen,
dass es sich nach den Anden überhaupt nicht sehnt.

Es wüsste gar nicht mehr, was es da solle,
und schaut sich gern die Zoobesucher an.
Hier will ihm nie jemand an seine Wolle
und frisches Futter bringt ihm jeden Tag ein Mann.

Hat's mal zu viel von der Besuchermenge,
die täglich hier das Lama sich beguckt,
und kommt zu nahe ihm das Menschgedränge,
dann wehrt es sich, indem es auf die Leute spuckt.

Mm

Ma**m**a, **m**ach **m**al **M**ar**m**elade,
denn es wäre wirklich schade,
würden Erd- und andre Beeren,
die wir frisch nicht **m**ehr verzehren
können, weil es viel zu viele
sind, a**m** Busch an ihre**m** Stiele
faulen oder von den Schnecken,
die sie sicher bald entdecken,
aufgefressen wie von **M**aden.
Das wär doch ein großer Schaden!

M-Auszählreim

Was **m**acht denn der **M**eier
da unten a**m** Weiher?
Und was will der **M**üller
denn **m**it **m**eine**m** Füller?
Waru**m** streicht der **M**aler
nicht für einen Taler?
Und was will das **M**ädchen,
denn **m**it diese**m** Fädchen?
Waru**m** nur sind **M**otten
in **m**einen Kla**m**otten?

Denk gut nach, du kleine **M**aus!
Weißt du's nicht, dann musst du raus!

Man sagt, die Kuh gibt **M**ilch de**m** **M**ensch,
doch das ist nicht korrekt.
Denn wenn **m**an es genau beschaut,
ni**mm**t sie der **M**ensch ihr weg!

Das M-Rätsel

> Überall bewegt er viel,
> ist in jeder Waschmaschine,
> bringt auf Straße und auf Schiene
> alles schließlich an sein Ziel.
>
> Der Motor

Mond

Nachts sieht der **Mond** im Ozean
sein Spiegelbild andauernd an.
Und eines Nachts gefiel ihm nicht
mehr länger dieses **Mond**gesicht.

„Mehr länglich wär doch eleganter
und wirkt auch sehr viel intressanter."
So meinte er, sprach kurz und knapp:
„Ab morgen Abend nehm ich ab!"

Er aß Gemüse nur, trank Säfte,
verlor Gewicht und auch die Kräfte.
Bald war er nur noch halb zu seh'n
und fand, es müsst' noch weitergeh'n,

hat jeden Mittag, statt zu essen,
den **Mond**umfang neu abgemessen.
Er wurde dünn und immer dünner –
doch hört nur zu, es kommt noch schlimmer:

Denn eines Tages – welch ein Schreck –
da war der **Mond** auf einmal weg …
Und dieser nicht vorhand'ne **Mond**
beschloss, dass Hungern sich nicht lohnt.

Nun isst er wieder dreimal täglich,
nimmt zu und es ist sehr gut möglich,
dass ihr des Abends hoch am Himmel
den **Mond** entdeckt im Sterngewimmel.

Nn

Herr Niemand sagte zu Herrn Keiner:
„Was sind Sie überhaupt für einer?"
Der konnt' die Frage nicht vertragen
und sprach: „Das werd ich niemand sagen!"

Neun heurige Hasen
mit neun neugierigen Nasen
beschnupperten den Rasen,
bevor sie davon fraßen.

NnNnNnNnNnNnNnNnNnNnNnNnNnNnNnNnNnNnNnNnNnNnNnN

N-Auszählreim

Nacheinander zähle ich:
Ich und du und du und du
und schon wieder ich.
Viel zu lang war diese Reise
für den Finger hier im Kreise.
Nächstes Mal wird wer gemieden
und ist damit ausgeschieden!

NnNnNnNnNnNnNnNnNnNnNnNn

Am Nordpol ist, wie jeder weiß,
das Wasser statt Wasser Eis.
Denn dort ist's nicht besonders heiß,
und Flüssiges ist nicht bekannt
im ganzen weiten Nordpol-Land.
Sogar der Wind bläst immer fest
aus Süd und Ost und West.
Doch bläst er nie von Nord,
das kann er nur, ist man von dort
ein kleines Stückchen weiter fort!

Das N-Rätsel

Wer ihn sieht,
sieht, was geschieht
gar nicht oder nur ganz trüb.

Der Nebel

Nashorn

Es trägt auf seiner Nase vorn
das Nashorn stets sein Nasenhorn.
Wenn es das Horn zu Haus vergisst,
weiß keiner, dass es Nashorn ist.

Das Nashorn ist nicht klug, nicht niedlich
– die Tiere sind ja unterschiedlich –
und seine beste Eigenschaft,
das ist sein Horn, das gibt ihm Kraft!

Denn nur mit Horn hat man Respekt
vorm Nashorn, wenn man es entdeckt.
Hätt' es kein Horn, würd' man es halten
für 'n großes graues Tier mit Falten.

Und keiner würd' das Nashorn grüßen,
hätt' er nicht Angst, es könnt ihn spießen
aufs Horn, wenn er nicht höflich ist
und es zu grüßen mal vergisst.

Oo

O-Auszählreim

Ene mehne moh,
du hast den Kopf voll Stroh!
Halt ihn untern Wasserhahn,
sonst brennt dir das Stroh noch an.

Ene mene meck, meck, meck,
das ist kein Stroh, das ist nur Dreck!
Und Dreck ist nicht so schlimm,
der bleibt ganz einfach drin!

Nun sei zu früh nicht froh,
denn, wenn es auch kein Stroh
gewesen ist, mit diesem Dreck
musst du aus unserm Kreis nun weg!

Das O-Rätsel

Am Kopfe wachsen jedem zwei,
an einem Buche angebracht,
hat ein Esel sie gemacht!

Die Ohren

Ochsen tragen keine Socken
und deshalb gibt es auch weder
Ochsensockenläden oder
Ochsensockenfabrikanten,
denn wo würden die wohl landen?
Ja, die würden Pleite machen
und die Ochsen würden lachen!
Also lass dich nicht verlocken,
produzier nie Ochsensocken!
Bald machst dann ganz sicher du
Ochsensockenausverkauf
und dabei zahlst du noch drauf!

Ostereier

Es lagen zwei Ostereier
im Garten im Osternest.
Vorbei war die Osterfeier,
die beiden waren der Rest.

Es hatte sie niemand gefunden,
sie waren zu gut versteckt
und lagen nun schon seit Stunden
noch immer unentdeckt.

Sie fühlten sich ziemlich verlassen
und wollten sich ganz gerührt
mit beiden Händen umfassen,
weil man das dann nicht so spürt.

Doch hatten sie weder Hände
noch Arme wie jedes Ei.
Da rückten, bis man sie fände,
noch enger zusammen die zwei.

So warten vielleicht sie noch heute
und wären beide sehr froh,
wenn irgendwelche Leute
sie fänden – doch keiner weiß wo!

Pp

Spielt die Petra mit der Puppe,
ist der Puppe das ganz schnuppe.
Spielt sie mit der Puppe nicht,
zieht die Puppe kein Gesicht,
denn der Puppe ist total,
ob man mit ihr spielt, egal.

Spielt die Petra mit der Liese
und sagt ihr etwas, was diese
gar nicht gerne hört,
ist das Spiel gestört.
Liese spricht: „Ich will nicht mehr
mit dir spielen wie vorher!

Was du sagst, ist mir nicht schnuppe.
Ich bin doch nicht deine Puppe!"
Petra spricht: „Nimm's mir nicht krumm!
Was ich sagte, war ja dumm!
Lassen wir für heut den Streit,
denn es tut mir jetzt schon leid."

PpPpPpPpPpPpPpPpPpPpPpPp

Das P-Rätsel

> Wer sie macht, der unterbricht,
> was er macht, und macht es nicht.
>
> əsnɐԀ əıᗡ

P-Auszählreim

Drei Pfefferkuchen
will ich heut versuchen.
Der eine bricht entzwei,
da sind es nur noch zwei.
Zwei Pfefferkuchen
will ich nun versuchen.
Einer ist verbrannt,
der fällt mir aus der Hand.
Einen Pfefferkuchen
will ich noch versuchen.
Doch ihm fehlt der Zuckerguss,
da ist's mit den Kuchen Schluss!

Pferd

Es ist das Pferd ein schönes Tier,
doch dient' es einst nicht nur zur Zier.

Der Mensch hat es als Arbeitspferd.
benutzt, das fand das Pferd verkehrt.

Es musst' als Reittier Menschen tragen
und keiner tat es vorher fragen.

Der Mensch zwang Wagen es zu ziehen,
das hat das Pferd ihm nie verziehen.

Doch was das Pferd am Menschen preist,
das ist: Er hat Erfindungsgeist.

Damit schuf er Automobile –
erst eines und dann ziemlich viele,

die fahren Menschen und auch Lasten
herum, das Pferd darf endlich rasten,

tritt auf 'ner Wiese voller Klee
vom einen auf den andern Zeh,

lebt still dort voll Zufriedenheit,
und manchmal findet sich's bereit,

es geht von seiner Herde fort,
trägt Menschen – einfach so als Sport.

Qq

Susi ist nie etwas recht,
und das finden alle schlecht,
rufen laut ihr nach: „Ach diese
Susi ist 'ne Quengelliese!"

Doch der Peter, den das stört,
sagt: „Das ist total verkehrt!
Lasst doch endlich jetzt in Ruh se,
denn wenn überhaupt, dann ist sie
höchstens eine Quengelsuse!"

QqQqQqQqQqQqQqQqQqQq

Q-Auszählreim
An der Quelle quillt das Wasser
aus der Erde, immer nasser
werden deine Schuh,
aus bist du!

QqQqQqQqQqQqQqQqQqQqQ

Das Q-Rätsel

> Er schmeckt mit Früchten
> oder auch mit Kräutern.
> Doch wenn ihn einer redet,
> werden alle meutern.
>
> Quark

Der Frosch macht quak,
das Schweinchen quiek.
Zusammen klingt es wie Musik.

Qualle

Eine kleine dralle Qualle
kam in eine Quallenfalle.
Dabei wurde eingeklemmt
ihr schönes neues Quallenhemd.

Um der Falle zu entfliehen,
musste sie das Hemd ausziehen,
und ihr war darauf schon bald
quallenmäßig bitterkalt.

„Ach ich leide Quallenqualen,
kann kein neues Hemd bezahlen.
Wo nehm ich das Geld nur her,
denn mein Portemonnaie ist leer!"

Doch die Oma Urgroßqualle
strickte für die kleine dralle
Qualle ganz aus grünem Tang
eine Jacke, die war lang,

ging bis übers Quallenknie,
und der Qualle wurde nie
wieder kalt und außerdem
war die Jacke sehr bequem.

    Das war ein Quatschgedicht, denn leider
    tragen Quallen keine Jacken oder Kleider.

Rr

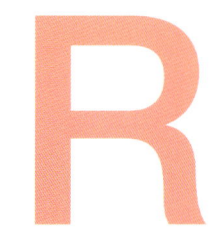

Rachel mag Rharbarber gerne,
ganz besonders als Kompott.
Gegen Früchte aus der Ferne
reagiert sie mit Boykott,
denn auf ihrem Speiseplane
steht Rharbarber mit viel Sahne!

RrRrRrRrRrRrRrRrRrRrRrRrRrRrR

Es war einmal ein Abflussrohr,
sein Name, der war Jochen,
das hatt' schon vieles durchgeschleußt
und auch schon viel gerochen.

RrRrRrRrRrRrRrRrRrRrRrRrRrRrR

Auf der Straße immer toller
rast der Rudi mit dem Roller.
Rollt der Roller ihm mal weg,
fliegt der Rudi in den Dreck.

Das R-Rätsel

> Manche sind aus Eisen
> und verschließen Türen,
> andere sind aus Schokolade,
> die kann man verspeisen.
>
> Riegel

R-Auszählreim

Rund im Kreise auf die Reise
geht mein Finger, tippt dich an.
Keine Angst, nur kein Geschrei,
und sei nicht verstimmt!
Diesmal geht er noch vorbei.
Aber weiter geht's im Kreise,
in der nächsten Runde nimmt
er dich vor, dann bist du dran!

44

Regenwurm

Ein Regenwurm, der wollte gerne
zum Zirkus geh'n als Akrobat.
Er dacht': „Als Allererstes lerne
und übe ich Spagat."

Er dreht sich hin und biegt sich her,
es wollte ihm nicht glücken.
Er fiel dabei, weil's gar so schwer,
sehr oft auf seinen Rücken.

„Ach wie verdien' ich mir mein Brot?",
sprach da der Regenwurm,
„Es wäre besser, ich wär tot!",
und stieg auf einen Turm.

Er sagte aller Welt ade,
sprang fünfzig Fuß hinunter
und brach nicht einen einz'gen Zeh,
blieb heil und war ganz munter.

Nun springt er jeden Abend kühn,
zu großem Trommelwirbel
in einem rosa Stretchkostüm
vom Turm im Zirkus Zwirbel.

Es schläft der Wurm im Wohnmobil,
wenn der Applaus verklungen,
und träumt, er wär' zum Trommelspiel
… einmal Spagat gesprungen.

Ss

Der Schnellzug, der beeilt sich sehr,
doch wenn er sich bewegt,
dann weiß er überhaupt nicht mehr,
wohin er soll, denn das hat er
sich gar nicht überlegt.
Damit er sich nun nicht verfährt,
hat man ihm Schienen hingelegt,
denn darauf rast er nie verkehrt,
weiß, dass es ihn zum Ziele führt,
solange er die Schiene spürt.

SsSsSsSsSsSsSsSsSsSsSsSsSsSsS

Sauerampfersuppe
geb ich meiner Puppe.
Sie mag Sauerampfer nicht
und zieht deshalb ein Gesicht.
Doch geb ich ihr süßes Dessert,
dann will sie davon immer mehr.

Das S-Rätsel

> Wer trägt allein ein ganzes Haus
> wohl fort auf seinem Rücken
> und hat doch nicht genügend Kraft,
> ein Streichholz nur zu knicken?

S-Auszählreim

Si, so, su,
das Känguru.
will ein Paar Schuh.
Si, so, su,
der Kakadu
trägt keine Schuh
und er sagt zu
dem Känguru:
„Si, so, su,
was brauchst du Schuh,
denn aus bist du!"

Schwalbe

Ich habe mal eine Schwalbe gekannt,
die flog jeden Herbst in ein warmes Land.
Das ist an sich nicht ungewöhnlich,
das machen die Schwalben alle so ähnlich.

Doch diese Schwalbe, von der ich erzähle,
die sagte: „Ich sehe ja gar nicht ein,
dass ich im Urlaub mich noch quäle
und selbst die Flügel rege. Nein!

Davon hab ich jetzt genug,
und ich buch mir einen Flug!
Dann reise ich in der ersten Klasse,
die Stewardess bringt mir eine Tasse
mit herrlich duftendem Kaffee
derweil ich aus dem Fenster seh'."

Tt

Tatü, tata, die Feuerwehr,
es brennt ein Haus, ein Bus steht quer!
„Tata, tatü, das löscht ihr nie!"
„Das woll'n wir doch mal seh'n, und wie!"

TtTtTtTtTtTtTtTtTtTtTtTtTtTtTtTtTtTtTtT

Zur Weihnacht stellt man eine Tanne
geschmückt im Zimmer auf.
Sie wurd' im Wald von einem Manne
gefällt, hört dann zu wachsen auf.

Sonst wüchse sie nach einem Jahr
zu unserm Nachbarn durch die Decke.
Sie wüchse weiter, käm sogar
durchs Dach an einer Schornsteinecke.

Doch ohne Wurzeln nun, sinkt sie
bald tief schon in Melancholie
und bleibt – vom Weihnachtsschmuck geadelt –
nur so lang bei uns, bis sie nadelt.

T-Auszählreim

Dreizehn alte Tanten
sind meine Verwandten.
Dreizehn, das ist mir zu viel,
deshalb mach ich jetzt ein Spiel.
Ich zähl meine Tanten aus
und dann werf ich eine raus.

Das T-Rätsel

> Damit legt man Leute rein,
> dass sie glauben, es könnt' sein.
>
> Der Trick

Tiger

Es war einmal 'ne **Tiger**schlange,
die konnte nicht gut sehen
und dachte eine Brille würde
ihr überhaupt nicht stehen.

Und eines Tags verliebte sie
– weil sie ihn nicht erkannte –
sich in den Schwanz des **Tigers**, der
gerad vorüberrannte.

Sie hielt ihn für 'nen Schlangenmann
und fand ihn attraktiv,
verstand nicht, dass er gar so schnell
an ihr vorüberlief.

Der **Tiger**, der hat nichts gemerkt.
Er folgte grad der Fährte
von einer blonden **Tigerin**,
die glühend er verehrte.

Die **Tiger**schlange wartete
bis gestern früh um drei.
Sie dachte, dieser Schlangenmann
kommt noch einmal vorbei.

Um fünf nach drei gab sie dann auf
und war ganz deprimiert.
Das wäre einer Brillenschlange
im Leben nicht passiert!

Uu

Wenn man den Uhu etwas fragt,
klappt er die Augen auf und zu
und was gedankenvoll er sagt
ist weiter nichts als ein „Schuhu!".

Danach geht er erschöpft zur Ruh'
und ist nicht weiter zu bewegen,
die Gründe darzulegen,
wie er zu dieser Ansicht kam.

Wieso, weshalb und auch weswegen
er diese Position einnahm,
das bleibt den meisten unverständlich.
Und das Ergebnis ist letztendlich:
Es halten Kinder wie auch Greise
das Tier für weise.

UuUuUuUuUuUuUuUuUuUuUuUuUu

Das U-Rätsel

> Sie schlägt in Türmen, geht auf Tischen
> und hängt an der Wand.
> Und man kann sie auch erwischen
> am Handgelenk an einem Band.
>
> Die Uhr

U-Auszählreim

Ging der Zwerg
um den Berg,
wand sich der Wurm
um den Turm,
flog eine Lerche
um die Kerche,
kroch eine Schnecke
um die Ecke,
hüpfte die Meise
immer im Kreise,
lief die Maus
um das Haus,
und du bist aus!

Untier

Im Wald, da lebt ein grauslich Tier,
das hat noch keinen Namen.
es fürchten vor dem Untier sich
die Herren wie die Damen.

Sie schreien „Iih" und rufen „Huh",
wenn man vom Untier spricht.
Gesehen hat's noch keiner nicht,
und doch gibt man nicht Ruh,

wenn wo ein Unglück ist gescheh'n,
und jemand kam zu Schaden,
die Schuld – hat man's auch nicht geseh'n –
dem Untier aufzuladen.

Das Untier hält sich stets versteckt,
noch keiner hat's gefunden.
Es ängstigt sich, dass man's entdeckt,
und es dann hetzt mit Hunden.

„Ach wäre nur wie andre ich
ein ganz normales Tier!
Mit einem Namen auch für mich,
dann wäre gern ich hier.

Und gäb's mit diesem Namen mehr
wie mich, das wäre fein.
Ich fände Freundschaft und Verkehr
und wär nicht so allein."

Vv

Ich traf neulich einen **V**ampir
und fragte ihn: „Woll'n Sie mit mir
was trinken geh'n? ich zahl ein Bier."

Da sprach der **V**ampir **v**oller Wut,
ein Bier, das tät ihm nicht gut,
er trinkt nichts andres als Blut!

Drauf sagte ich: „Dann eben nicht,
denn Blut, das ist nichts für mich,
das find' ich ganz widerlich!"

VvVvVvVvVvVvVvVvVvVvVvVv

Hat eine **V**ase
Henkel und Nase,
um draus zu gießen,
dann darf man schließen,
und zwar mit Fug:
Es ist ein Krug!

Das **V**-Rätsel

> Was dir sagt,
> dass du nicht sollst,
> was du willst,
> auch wenn du grollst.
>
> Das Verbot

V-Auszählreim

Der Kreis ist **v**oll,
das find ich toll,
doch für das Spiel
sind wir zu **v**iel.
Und deshalb muss
– du wirst **v**ersteh'n –
jetzt einer geh'n
und dann ist Schluss.

Vulkan

Ein **Vulkan**, das ist ein Berg mit Temp'rament,
weil in ihm ein heißes Feuer innen brennt.
Weck ihn bloß nicht, wenn er grade pennt!

Denn wenn er erwacht und seine Flanken hebt,
dann kommt's vor, dass gleich darauf die Erde bebt.
Du kannst froh sein, hast du das noch nicht erlebt!

Und muss er mal niesen, regnet's heiße Asche
auf den Kopf dir und in deine Einkaufstasche,
das ist von **Vulkanen** eine alte Masche.

Außerdem kann es auch durchaus sein,
er wird wütend und spuckt flüssiges Gestein
das ist kochend heiß, deshalb tritt niemals rein!

Andre Berge haben friedlich sich gefügt,
nur **Vulkane** hat man nie dazu gekriegt,
und kein Mensch auf Erden weiß, woran das liegt.

Ww

Wenn man wenig oder viele
Wörter wie in einem Spiele
aneinandersetzt,
wird vielleicht zuletzt
daraus ein Gedicht –
und vielleicht auch nicht.

WwWwWwWwWwWwWwWwW

Ein Wal, der passt in keine Wanne,
und darum gilt der Satz:
„Nimm einen Wal nie mit aufs Zimmer!"
Hast du ihn oben, gibt es immer
mit Hauswirt oder Nachbarn Streit.
Doch meistens kommt es nicht so weit,
denn schwerlich wird es dir gelingen,
den Wal durchs Treppenhaus zu bringen.

WwWwWwWwWwWwW

Das W-Rätsel

> Ein Loch in die Haut
> geschnitten oder gebissen.
> Wer's hat, der wird laut
> vor Schmerzen weinen müsen.
>
> Die Wunde

W-Auszählreim

Wenn du willst, dann zähle ich
weiter, überspringe dich.
Ich weiß ja, ich krieg dich doch
und da kommt's nicht darauf an,
ob in dieser Runde noch
oder später irgendwann.
Wenn du dran bist, bist du dran!

Wellen

Die Wellen, das ist ja bekannt,
die spielen am liebsten am Strand.
Sie rollen die Kiesel erst hin und dann her,
das ist für die Wellen nicht schwer!

Und manchmal – besonders bei Flut,
da packt sie der Übermut.
Wenn manche vom Wind getrieben sich bücken,
dann springen andere auf ihren Rücken.

Und finden die Wellen von ungefähr,
mal Dinge, die einfach nicht ins Meer
gehören, die werfen sie kurzerhand
ans Land auf die Felsen oder den Sand.

Die Wellen, besonders die „hogen",
die nennt an der Küste man Wogen.
Sie fassen die Schiffe und Boote
ganz fest mit der wäßrigen Pfote

und sagen zu ihnen: „Komm, tanze mit mir!
Wir haben das richtige Wetter dafür.
Verneige dich tief, ich halte dich fest.
Der Wind bläst Trompete, er kommt jetzt von West."

Xx

In der Erziehung kleiner Lachse
sind Lachse ausgesprochen lax.
Sie sagen nicht mal: „Fischlein wachse!"
Sie ignorier'n den kleinen Lachs!

XxXxXxXxXxXxXxXxXxXxXxXxX

Max, mach keine Faxen
und hör auf zu flachsen!
Sei jetzt wieder ernst,
damit du was lernst!

X-Auszählreim

Eins, zwei, drei, vier, x,
ich zähl jetzt aus ganz fix.
Zugenäht, verflixt!
Ich sag dir ohne Tricks,
du bist raus wie nichts!

Das X-Rätsel

Mit diesem Zeichen nennst
du 'ne Zahl, die du nicht kennst.

Der Buchstabe X

Xylophon

Max übt auf dem **Xylophon**
jeden Tag nur einen Ton.

Denn am **Xylophon** das Schöne
ist, es hat so viele Töne.

Jeder Tag hat seinen Klang.
Er übt viele Tage lang.

Heut macht das Ding
nur immer pling!

Und mit Begeisterung
spielt morgen er nur plung

und übermorgen plang.
So geht es tagelang!

Doch wenn er es endlich kann,
was glaubt ihr wohl spielt er dann?

Pling, plung, plang –
stundenlang!

Plang, plung, pling –
auf dem **Xylo**ding!

Und danach fängt er sodann
noch einmal von vorne an!

Y y

Herr Meyer liebt das Ypsilon,
es macht ihn so apart.
Schrieb sich Herr Meyer nur mit i,
wär er von andrer Art.

Und seine Tochter heißt Yvonne,
denn das ist was Besonderes.
Hieß Anna oder Kathrin sie,
dann wär' es etwas Onderes.

Fragt man ihn: „Meinen Sie das auch?",
dann spricht er: „Yes I do!";
und tut Herrn Meyer etwas leid,
sagt „Sorry!" er dazu.

Meistens mit gekreuzten Beinen
sitzen Yogis vor der Schlange,
spielen eine Flötenweise,
dass die Schlange sie nicht beiße.

Hier der Yogi – so will's scheinen –
traut dem eignen Flötenspiel
offenbar nicht allzuviel.
Ihm ist vor der Schlange bange.

Das kann man daran erkennen,
dass er Flöte spielt im Stehen,
stets bereit, sich umzudrehen
und dann schleunigst wegzurennen.

YyYyYyYyYyYyYyYyYyYyYyYy

Das Y-Rätsel

Bei uns ist es sehr selten,
für dreierlei kann's gelten:
Es ändert seinen Klang ganz flott
von Ü zu I und auch zu J.

Das Ypsilon

Y-Auszählreim

Es war einmal in Bonn,
da stand auf dem Balkon
ein kleines Ypsilon.
Ein großes kam dazu.
Und aus bist du!

YyYyYyYyYyYyYyYyYyYyYyYy

Yeti

Im Himalaya gibt es Yaks, das ist bewiesen,
doch auf den Yeti lässt sich nur aus Spuren schließen.
Ob es ihn gibt, das weiß man nicht genau,
denn einen Yeti oder eine Yetifrau
hat niemand aus der Nähe je gesehen
und deshalb kann man wirklich gut verstehen,
dass heutzutage Leute sich erlauben,
an Yetis einfach nun nicht mehr zu glauben.

Doch andre sagen, so ein Yeti geht nie
dorthin, wo Menschen sind, denn er versteht sie
ja sowieso nicht und sie auch nicht ihn.
Deshalb gibt's keine Yetis in Berlin.
Und auch aus andern Städten ist bekannt,
dass dort noch nie man einen Yeti fand.
Man sieht daraus, doch das ist nicht mehr neu:
Wenn's Yetis gibt, dann sind sie ziemlich scheu.

Nun könnte beispielsweise einer sagen,
man braucht doch nur einmal das Yak zu fragen,
ob's je im Leben einen Yeti sah,
denn immerhin wohnt es ja ziemlich nah.
Das Yak denkt aber nur dran, was es frisst,
weil so ein Yak nun mal ein Rindvieh ist.
Da darf man nicht auf eine Antwort hoffen.
So bleibt die Yetifrage weiter offen!

Zz

Zieht es durch die Fensterritze,
brauchst im Zimmer du 'ne Mütze!

Zieht die Lok brav ihre Wagen,
muss man all das Zeug nicht tragen.

Ziehst du in 'nen andern Ort,
dann ist alles neu dir dort.

Ziehst du deiner Schwester Kleid
an, dann gibt es sicher Streit.

Ziehst du auf den Spielzeugclown,
turnt er toll, da wirst du schau'n.

Ziehst du jemand an den Haaren,
wirst du Ärger wohl erfahren.

ZzZzZzZzZzZzZzZzZzZzZzZzZzZzZ

Das Z-Rätsel

> Hör dieses Rätsel, es ist schwer:
> Du hast es schon
> und willst es erst erreichen.
> Kommst du dort an,
> dann ist es keines mehr.
>
> Das Ziel

Z-Auszählreim

Zicke, zacke, eins, zwei, drei,
wer ist bei dem Spiel dabei
und wer muss beiseite steh'n?
Na, das woll'n wir doch mal seh'n!

Zicke, zacke, vier, fünf, sechs,
auf dem Zaun sitzt eine Hex.
Zicke, zacke, sieben, acht.
Hörst du, wie die Hexe lacht?
Sie hat sich dabei gedacht:
Zicke, zacke, neun und zehn,
du musst jetzt nach Hause geh'n!

Zebra

Ein Paket mit hübschen Schleifen
kriegt das Zebra zum Geburtstag.
Drin ist etwas, was es gern mag:
ein sehr schöner neuer Streifen.

Ja, das Zebra freut sich sehr,
dreht sich vor dem Spiegel dann
her und hin und hin und her:
„Wie bring ich den Streifen an?

Soll er längs zu allen andern
laufen oder quer zu ihnen?
Wohin soll der Streifen wandern?",
fragt es mit besorgten Mienen.

Die Entscheidung fällt nicht schwer,
weil das Zebra bald begreift:
Wenn die Streifen kreuz und quer
liefen, wär's nicht mehr gestreift.

Denn dann wäre es kariert.
Niemand könnt' mehr übersehen,
was das Zebra jetzt schon spürt:
dass ihm Karos nicht gut stehen!

Und müsst' man beim Straßequeren
über Zebrakaros schreiten,
würden alle sich beschweren
und für Zebrastreifen streiten.

1 2 3 4 5

Es war einmal
'ne Riesenzahl.
So groß war sie,
dass niemals nie
jemand erfuhr, wie viel
sie mochte gelten.

Die Zahl war äußerst selten,
sie stand in einem alten
Buch, dort reichte sie
von Seite fünf bis hundertsieben.

Die Zahl ist unbekannt geblieben
bis heute, denn behalten
konnt' keiner sie.
Und wer begann, die Zahl zu lesen,
der wusst' am Ende nicht,
wie denn ihr Anfang war gewesen,
so groß war sie.

Auszählreim

1 und **2**,
so 'ne Schweinerei!
3 und **4**,
wer hat hier,
5 und **6**,
in das Buch den Klecks,
7 und **8**,
reingemacht?
9 und **10**,
der muss geh'n!

Das Ziffernrätsel

Alleine hab ich keinen Wert
und gelte nichts im Spiel.
Tret ich zu einem andern hin,
gilt der zehnmal so viel.

6 7 8 9 0

Die Ziffern gingen alle zehn
am Sonntag in den Zoo.
Sie wollten mal was andres seh'n
als Rechnung und Büro.

Die **2**, die blieb im Affenhaus
zurück und fand nicht mehr hinaus.

Zu nah ging zum Rhinozeros
die **3**, da fraß sie der Koloss.

Zum Tiger durch die falsche Tür
trat unverhofft hinein die **4** …

Es fiel vom Elefantenrüssel
die **5** in seine Futterschüssel.

Die **6** spielt' mit dem Krokodil
„Fang mich" und sie verlor das Spiel.

Beim Über-das-Geländer-Recken
fiel **7** in das Seehundbecken.

Die **8** blieb bei der Brillenschlange,
denn ihr war überhaupt nicht bange.

Die **9** wollt mit dem Eisbär schmusen,
das konnt' der Eisbär nicht verknusen.

Am Ende sprach die **0** zur **1**:
„Wir zwei sind übrig nun, so scheint's.
Die anderen sind futsch, was soll's?
Wir beide sind aus anderm Holz:
Geh links von mir, und du wirst seh'n:
Wir zwei, sind jetzt so gut wie zehn!"

Nie wieder Langeweile!

Wenn mal wieder die Frage „Was sollen wir machen?" aufkommt, dann bietet dieses Buch eine umfassende Antwort. Hier gibt es viele Rätsel, Quizspiele, Spiele mit Karten, Steinen und Würfeln, Geschicklichkeitsspiele, Bewegungsspiele und lustige Basteleien. Da ist kein Regennachmittag mehr von Langeweile geprägt und die Quengeleien auf langen Autofahrten sind passé. Für die Wortspiele braucht man gar kein Zubehör, für andere Anregungen nur das, was man im Haus hat oder z. B. Skatkarten. Dabei werden spielerisch die Sprachkompetenz sowie räumliches und logisches Denken geschult, außerdem die Feinmotorik (bei Geschicklichkeitsspielen).

Reime, Rätsel, Ratespiele
für zuhause und unterwegs
160 Seiten, Paperback
ISBN 978-3-7831-6107-6